DINOSSAUROS
PARA LER E COLORIR

O **TIRANOSSAURO REX** FOI UM GRANDE PREDADOR. ELE TINHA DENTES PONTIAGUDOS E UMA ENORME MANDÍBULA.

ENTRE OS DINOSSAUROS. ELE TINHA DOIS CHIFRES NA TESTA E UM NO FOCINHO.

O ESTEGOSSAURO

POSSUÍA UMA ENORME PLACA ÓSSEA NAS COSTAS. O NOME DESSE DINO SIGNIFICA "LAGARTO TELHADO".